DINAN

et le Val de Rance

Jean-Yves RUAUX

Photographies Léonard de Selva

Qui faut-il créditer de la création de Dinan ?
Une tribu gauloise ?
Des adeptes de la Déesse Diane ?
Un saint celtique ?
Aucun des trois mais la simple rencontre du hasard
et de la nécessité sur les bords de la Rance.

EDITIONS DES TEMPLIERS

19, rue de l'Apport
22100 DINAN

I. DEUX MILLE ANS D'HISTOIRE

Imaginez une troupe de marchands, chevaux, ballots, mules, têtes blondes, châtaines ou brunes, taches de rousseurs et tuniques romaines. Ils approchent de la rive. Quelques esclaves déchargent les barques amarrées et déposent des amphores de vin d'Espagne sur le quai. Une escouade de soldats de l'Empire traverse la rivière à gué. Tout à l'heure, ils iront rendre hommage à la divinité dans son temple construit sur la berge.

Même heure, même lieu, sur la Rance, deux mille ans plus tard. Une vedette, ventrue, toute blanche, glisse sur l'eau, chargée de visiteurs, direction Dinard. Quelques fines gaules attendent que le poisson morde. Tout est calme, beauté et silence à l'Asile des pêcheurs. Derrière eux, un écran de verdure. Et pas la moindre trace de construction.

Les étapes de l'édification de Dinan séparent ces images, saisies à **Taden,** 3 km en aval. Le dynamique port gallo-romain a cédé la place à un joli bourg endormi à l'ombre de son église trapue et de ses beaux manoirs !

Le château perdu

A l'époque, une épaisse forêt couvrait le plateau dinannais. Au Moyen Age, les moines le défrichent. Ils vont jouer un grand rôle dans l'histoire de l'agglomération qui se développe d'abord autour de quelques couvents.

Un roi de Bretagne a croisé six frères, pauvres comme Job, qui traversaient la forêt. Il leur a donné les terres de **Léhon,** en amont de Dinan pour fonder leur prieuré vers 850. Deux siècles plus tard, Geoffroy de Dinan offre un patrimoine à d'autres religieux sur la rive droite de la Rance. Ils créent la Madeleine, un prieuré richement pourvu à sa naissance. Ils disposent de pêcheries, de vignes et taxent les voyageurs empruntant le pont qu'ils ont bâti.

Au nord-est de la colline où la ville s'est développée, Ganna, femme d'Olivier de Dinan, crée, vers 1060, un hôpital près du prieuré Saint-Malo. Le seul pôle de croissance laïc de la ville est son château, dont l'emplacement est maintenant difficile à déterminer. La **Tapisserie de Bayeux** rappelle une scène dont la légende assure *« Contra dinantes pugnant »,* (ils combattent contre les Dinannais). Guillaume le Conquérant mène le bal guerrier. Ses soldats montent d'énormes étalons sauvages, portent la broigne (la tunique de peau semée d'anneaux), leur cuirasse.

Leurs boucliers de cuir, tatoués d'images de guerre, les rendent effrayants. Mais combattent-ils contre la famille de Dinan et ses hommes d'armes, ou le Conquérant assiège-t-il le duc Conan II de Bretagne, réfugié dans un château soustrait aux Dinan ? La tapisserie reste muette. Elle n'aide pas plus à localiser le site sur lequel on a bâti le fort de rondins. Les Dinan possédaient aussi des demeures à Léhon et à Bécherel.

Les châteaux primitifs ont brûlé. En revanche, la construction de l'église Saint-Sauveur, signe, au début du XIIe siècle, le véritable acte de naissance de Dinan. C'est une superbe nef romane marquée par les influences poitevine, méridionale et byzantine. Sa décoration (portail et longère sud) laisse présager qu'il ne s'agit pas d'une chapelle de bourgade mais d'une œuvre d'art élaborée. En 1123, Geoffroy de Dinan, sentant sa mort prochaine, a dicté ses volontés. Son fils Olivier reçoit la paroisse nord, Saint-Malo, Alain reçoit Saint-Sauveur en héritage. Le Jerzual et la Grand-Rue délimitent les deux fiefs.

Le visiteur traverse déjà Dinan pour se rendre de Paris à Brest. Il descend la côte de la Madeleine où les voituriers peinent à retenir leur chevaux, puis, sur l'autre versant, escalade le Jerzual, fangeux, nauséabond, encombré de détritus et de rebuts. Les chariots y brisent souvent leurs essieux. La qualité de la voirie ne changera guère jusqu'à la Révolution mais la cité prospère.

Trois ordres de gens y cohabitent : ceux qui guerroient, ceux qui prient et ceux qui travaillent. Les deux dernières catégories prennent vite le pas sur la troisième. Finie, l'épopée des oriflammes claquant au vent, voici venu le temps des négociants. Très tôt, foires et marchés rythment la vie urbaine. Les commerçants ouvrent les volets de leurs échoppes borgnes sur les rues sombres. Les colporteurs déploient leur éventaire sur le Champ-ès-chevaux. Les corporations se groupent par rue dès le XIIIe siècle. Les chaudronniers battent le fer rue de la Minterie (La Mittrie). Les mitrons pétrissent rue de la Boulangerie. Les *« chaircuitiers »* échaudent, débitent et salent les gorets, rue de la Larderie.

Un seigneur au monastère

La croisade a sanctifié Henri d'Avaugour, le seigneur de Dinan. Il a même décidé d'offrir son château à un ordre mendiant, les Franciscains cordeliers. Ils y fondent un monastère vers 1250. Le croisé s'y retire sur la fin de sa vie (1278). Mais ses années de vieillesse lui réservent une déception : il s'est dessaisi de son fief au profit de son fils, Alain d'Avaugour. Ce dernier l'a vendu au duc de Bretagne. La ville des seigneurs devient une cité ducale. Les ducs possèdent tout Dinan dont ils détenaient déjà la moitié nord, car, un siècle auparavant, un affrontement entre les Dinannais et Henri II Plantagenest, le roi d'Angleterre, a tourné à leur désavantage. Ils y ont perdu la paroisse Saint-Malo qu'Henri II, le père des frères ennemis (Richard Cœur de Lion et Jean Sans Terre), a offert au duc de Bretagne.

2600 mètres de remparts

Ces transactions ne changent rien à la vie quotidienne. Les ducs ont corseté la ville d'une enceinte de 2600 mètres, ponctuée de tours rondes, comme la tour de Beaufort. Ils ne cesseront de la renforcer. Mais son tracé ne variera plus. La cité marie ville et campagne dans ses murs. Ville, le long des rues commerçantes, campagne à un jet de pierre. Les couvents occupent le tiers des trente hectares de l'enclos. Le reste se répartit en jardins et, à la portion congrue, en espaces pour les maisons serrées autour des axes commerçants Est-Ouest (Petit Fort, Jerzual, rue de la Lainerie, Grand-Rue) et Nord-Sud (Rue Saint-Malo, rue de l'Ecole, rue de l'Horloge). Ils se croisent au sommet du Jerzual qui monte du port. La porte de l'Hôtellerie ouvre à l'Ouest, vers Brest, celle du Guichet, au Sud, vers Léhon et Rennes. Dans l'enceinte, les professionnels traitent chanvre, lin et céréales des environs. Chacun boit le petit blanc de Saint-Suliac. La Rance relie plus sûrement, et plus vite que la terre, la cité aux ports de la Manche, de l'Angleterre et des Flandres. Le commerce est florissant. Les ducs installent à Dinan une armée d'hommes de loi et de comptables qui veillent sur leurs intérêts dans le négoce. Les prônes appréciés des frères prêcheurs (Franciscains et Dominicains) introduisent l'opulence matérielle au couvent.

C'est Byzance-sur-Rance. Soixante ans d'expansion continue jusqu'au moment où deux candidats — ducs se disputent le siège. Les débuts de la guerre de Cent ans s'appellent ici guerre de Succession de Bretagne. Les acteurs principaux sont Charles de Blois (1319-1364), soutenu par le roi de France, Jean IV de Montfort, appuyé militairement par les Anglais et **Du Guesclin** (1314-1380) qui appartient au parti de Blois.

Un Anglais kidnappeur

L'histoire se précipite. En 1344, le comte de Salisbury brûle et pille les faubourgs. En 1357, le duc de Lancastre assiège Dinan. Un bloc de granit rappelle l'incident sur la place du Champ. C'est là que Du Guesclin a défait, en combat singulier, le Britannique Thomas de Canterbury qui avait kidnappé son frère. Peine perdue : Charles de Blois meurt en 1364 à la bataille d'Auray. Jean IV accède donc au trône. Il dote Dinan du joyau de son enceinte, la tour dite de la duchesse Anne, construite de 1380 à 1385. Plus tard, François II de Bretagne (1435-1488), le père d'Anne, renforce l'enceinte. Car il craint pour son duché. Dinan en est la clé.

A partir de 1476, de grosses tours-canonnières sont construites pour épauler les murs... Dinan est donc parfaitement apte à soutenir un siège mené avec une artillerie qui crache ses boulets de fer. Celle-ci ne peut même pas s'assurer d'une position face au mur puisque la population a été mise à contribution pour doubler le rempart d'un mur de terre dont le fossé le sépare. Il est tout aussi difficile de prendre pied dans la douve et d'escalader la muraille, puisque, de la porte Saint-Malo à la porte de Brest, une galerie percée d'arbalétrières court à la base du mur et empêche de dresser des échelles.

Démolie pour protéger la cité

On a construit des chicanes ; des barbacanes protègent les portes de toute attaque frontale. Les Dinannais ont même poussé l'esprit de sacrifice jusqu'à démolir l'église Saint-Malo érigée dans son faubourg, à deux cents mètres au nord du mur. Elle aurait pu servir de bastion à un assaillant. C'est une perte inutile, car la ville ouvrira ses portes, sans résistance, aux soldats français, après la défaite des Bretons à Saint-Aubin-du-Cormier (1488).

La Bretagne indépendante vit ses dernières années. La frêle Anne de Bretagne (1476-1514) entre en scène. Elle épouse successivement un empereur d'Allemagne, puis deux rois de France, Charles VIII (1491) et Louis XII (1499). Son mariage scelle l'union du duché à la couronne. En 1532, la Bretagne y est rattachée par traité.

La ville a perdu son rôle de forteresse de premier plan. Pourtant, un Ligueur, le beau-frère d'Henri III, le duc Philippe de Mercœur (1558-1602), gouverneur de Bretagne, tente, à la fin du siècle, de s'appuyer sur la ville pour rétablir l'autonomie du duché à son profit. Il y trouve de nombreux alliés, et y fait battre monnaie, il a même complété l'enceinte de bastions et de redoutes.

Forteresse des Ligueurs

Il transforme les tours de la Duchesse Anne et de Coëtquen en une citadelle dont les ouvrages le prémunissent contre une attaque extérieure ou contre une équipée menée par les Dinannais. Sa vigilance sera prise en défaut par des notables réalistes : Henri IV ayant abjuré la foi protestante, l'aventure de la Ligue est sans lendemain. La mentalité des Dinannais est cousue d'habitudes solidement ancrées et d'audaces mesurées. Ils ont donc négocié leur ralliement au roi, avant d'entreprendre de lui livrer la ville.

Un faux message attire les troupes de Mercœur à Nantes. Pendant ce temps, les officiers de la garnison, restés de faction, sont invités à un bal dans une maison proche du château. Les accès de la cité dégarnis, 800 hommes à la solde d'Henri IV entrent par le faubourg Saint-Malo. Les soldats de Mercœur quittent la ville. Sa fille épouse le duc de Vendôme, fils d'Henri IV. Le temps des grandes émotions est révolu.

On retiendra tout de même quelques dates. 1618 : les Ursulines créent le couvent Saint-Charles, plusieurs autres fondations vont suivre à la faveur de la Contre-Réforme. Un vent d'austérité souffle sur les communautés sous l'impulsion des Bénédictins. A Léhon, la prière absorbe désormais toute l'énergie des moines. Des Dominicaines s'installent. La ville vit l'écho atténué des mouvements qui agitent le pays : 1664, destruction du temple protestant de Plouër ; 1693, début de la rénovation des remparts par un ingénieur de Vauban, Garengeau, car la France entre en guerre contre l'Angleterre.

Le déclin de l'autorité religieuse

Le XVIIIe siècle marque le déclin progressif des autorités, religieuse et royale. L'abbaye de Léhon périclite : elle a perdu une fraction substantielle de ses revenus au profit de l'abbé de Marmoutier, un prince de onze ans ! Dinan voit souvent passer des troupes. Le château et les tours de l'enceinte servent désormais de prison. Mais les 2000 détenus britanniques nouent aussi des relations dans une cité où l'esprit des Lumières trouve bon accueil auprès de la bourgeoisie. **Charles Duclos** (1704-1772), le fils d'un chapelier enrichi, est le symbole de cette classe. Après son droit, il participe à la rédaction de **la Grande Encyclopédie de Diderot,** devient maire de Dinan puis entre à l'Académie Française. La ville a ses salons de lecture et ses loges maçonniques. Les prêtres s'y nourrissent d'idées neuves.

Quelques repères encore :

1781 : l'incendie et la reconstruction du quartier de la Tête Noire (rue de la Chaux, rue de la Ferronnerie). Un nouvel urbanisme apparaît. Les encorbellements, les immeubles bâtis de guingois au-dessus des rues sont passées de mode. La mise en chantier de maisons à porches est interdite. Les nouvelles demeures sont bâties en pierre et possèdent des façades plates.

Révolution tempérée

1789. Dinan élit des députés aux Etats Généraux : le maire Gagon et son adjoint Coupard. L'année suivante, le curé de la paroisse Saint-Malo devient le premier maire élu, et non plus nommé par l'autorité. Les couvents sont fermés, transformés en entrepôts, comme les Jacobins, où l'on stocke le fruit des pillages des châteaux abandonnés par les émigrés. Les révolutionnaires, purs et durs, alternent au pouvoir avec les francs-maçons, plus modérés. L'avantage reste à ces derniers qui ont su se rendre acquéreurs des monastères vendus comme biens nationaux.

Leur Révolution reste très tempérée, malgré la présence de délégués de la Convention qui ont fait installer une guillotine sur la place du Champ. Elle demeure inactive ! Seuls les prêtres et les Chouans sont tracassés. Ils ont réussi à inquiéter les républicains de fraîche date, qui tiennent la ville mais pas la campagne. Les escarmouches s'y succèdent. Les Chouans se rendent maîtres de Dol. Les républicains consolident les remparts de Dinan, colmatent les brèches, rétablissent le couvre-feu. L'incertitude règne jusqu'en 1800 où la dernière chouannerie baisse les armes.

Une personnalité émerge de cette période troublée : **Néel de la Vigne** (1762-1851). Ce franc-maçon exerce successivement, ou cumule, toutes les responsabilités publiques. Il a été le compagnon de **Chateaubriand** au collège religieux de Dinan avant la Révolution. Il est le maître de la politique et du négoce locaux. Il est tanneur, ses parents, et alliés, possèdent des manufactures de textile. Le tissage a fait la richesse de la ville. La vapeur, qui supplante la voile, l'absence de génie commercial de ses édiles, font sa ruine. Quelques événements suffisent pour égrener le XIX siècle.

1832 : L'épidémie de choléra contraint, enfin, à déménager le cimetière de Saint-Sauveur, hors les murs. Car l'hygiène n'a guère progressé depuis le Moyen Age. A cette époque encore, ce sont les visites de personnages en vue qui motivent le grand nettoyage de rues, ordinairement encombrées de détritus !

1845 : Ouverture du musée à l'Hôtel de ville. Vingt ans plus tôt, la mairie a été transférée de la Tour de l'Horloge dans les locaux actuels. Auparavant, ils étaient occupés par l'hôpital qui émigre (1817) dans l'ancien couvent des Catherinettes sur le Jardin anglais.

1852 : Le viaduc est ouvert à la circulation. La Madeleine et le Vieux-Pont vivent désormais à l'écart de la grande voie qui va de Paris à Brest.

1879 : Le train entre en gare de Dinan avec quinze ans de retard sur Saint-Malo !

Un communard modéré

Quatre Dinannais connaissent la notoriété à Paris :

Charles-Victor Beslay (1795-1878), ami de Proudhon, est le Commissaire de la Commune de Paris à la Banque de France. Sa crainte d'en prendre le contrôle affaiblit le mouvement insurrectionnel. Il s'exile en Suisse.

Leconte de Lisle (1818-1894), est un écrivain de renom, auteur des « Poèmes barbares ». Sa jeunesse a oscillé entre la compagnie de son père médecin, mué en planteur de canne à sucre à la Réunion, et l'officine de son oncle, pharmacien, maire, député de Dinan.

Yves Guyot (1843-1928) est un journaliste politique, spécialiste de l'aéronautique, et ce dès 1863 ! Il est ministre des Travaux publics et des transports de 1889 à 1892. Son beau-frère **Paul Sébillot** (1843-1918) fonde véritablement l'ethnographie. Il recueille des milliers de contes, de dictons, de récits de superstitions, qui constitueront son *« Folklore de France »* (réédité aux éditions Imago).

Entré à cheval dans le XXe siècle

En 1881, un comité de grincheux parvient à faire détruire la porte de Brest, après cinquante ans de polémique. Elle libère l'espace dévolu à la place Duclos. Les soldats, dragons et hussards y manœuvrent les jours de parade.

C'est donc à cheval que Dinan entre dans le vingtième siècle. Plusieurs centaines de soldats, appartenant à des régiments aristocratiques, y donnent des réceptions auxquelles sont conviées les belles Anglaises. La colonie est nombreuse. Plus de 500 Britanniques, riches familles d'anciens officiers, fonctionnaires et diplomates, vivent aux environs.

Les parents de **Lord Kitchener,** le vainqueur de Khartoum, y habitent. **Lawrence,** pas encore *d'Arabie,* prépare sa thèse d'archéologie en étudiant les châteaux de Léhon et de Montafilant (Corseul).

1902. Dinan inaugure la statue équestre de **Bertrand Du Guesclin.**

1907. La loi sur la séparation de l'Eglise et de l'Etat jette un grand trouble dans la localité. Le collège, installé dans le couvent des Franciscains-cordeliers, doit déménager car la nouvelle loi anticléricale du petit père Combes (1835-1921), un médecin devenu théologien puis homme politique, transforme ses responsables prêtres en occupants sans titre !

Peu d'événements marquants balisent désormais la vie de Dinan. Les noms des beaux officiers d'avant-guerre s'alignent en colonnes au flanc des monuments aux morts de la guerre 1914-1918. **Théodore Botrel,** né en 1868 rue de la Mittrie, le barde et chansonnier breton, meurt à Pont-Aven et **Auguste Pavie** (né en 1847 place Saint-Sauveur) décède à Thourie, en Ille-et-Vilaine, à l'issue d'une fabuleuse épopée. Parti simple soldat au Siam, il revient ministre plénipotentiaire, auteur d'une œuvre géographique et ethnologique considérable sur le Cambodge et le Laos où il a participé à l'équipée coloniale.

Gabin et Morgan sous l'occupation

1934. L'écrivain **Roger Vercel** (1894-1957), professeur au collège, reçoit le prix Goncourt pour *« Capitaine Conan »,* un récit de guerre, mais se révèle un talentueux romancier de la mer... Son roman *« Remorques »* sera porté à l'écran (1941) par **Jean Grémillon,** un autre Dinannais, qui confie les principaux rôles à **Gabin** et **Morgan.**

C'est la guerre. Les Allemands ont balisé la ville de pancartes en caractères gothiques. Mais la résistance multiforme à l'occupant est active : le **chanoine Meinser** cache de jeunes Juifs aux Cordeliers, des réseaux s'y développent parmi les élèves. L'efficace défense passive limite le nombre de victimes civiles dues au conflit. Le 2 août 1944, Dinan est libéré de l'emprise nazie par les Américains. Les Allemands ont fait sauter les ponts pour freiner leur avance. Près de 2000 obus sont tombés, un déluge de feu de sept heures. Ils ont endommagé plus de 500 édifices et tué quelques dizaines de personnes.

Mais, Dinan se relève avec brio. Des noms inédits signent l'émergence d'une nouvelle époque. **René Pleven** (né en 1901) devient député de Dinan, mais surtout ministre du général de Gaulle et président du Conseil (premier ministre) sous la IVe République.

Voici encore quelques patronymes qui portent la renommée de la ville. L'écrivain **Jean Cordelier** (1912-1980) se révèle par *« Les yeux de la tête »,* un roman qui fait scandale et manque de peu le Goncourt 1953. Une écriture superbe sert ce texte sur les intermittences du cœur d'un médecin prisonnier de guerre Outre-Rhin. Dinan est encore la ville natale d'**André Le Gall** (né en 1904) spécialiste de renommée mondiale de caractérologie ; de

Michel Renouard (né en 1942) romancier, universitaire et historien, spécialiste de la Bretagne romane et de l'Inde anglaise ; **Mathurin Eugène Monier** (1901-1974) cumule les talents d'historien (voir bibliographie) et de conteur à la manière de Maupassant.

Joli décor de fêtes

Aujourd'hui, Dinan est un joli décor de fêtes. Chaque été, la ville s'honore d'un festival de musique. Chaque automne, une fête des remparts costume la cité, maire en tête, à la mode médiévale. Quelques érudits contribuent à la faire mieux connaître. Citons **Gérard Malherbe** et **Gilles Ollivier,** spécialistes de l'histoire religieuse et culturelle, **Loïc-René Vilbert,** bibliothécaire et archéologue ; **Yves Castel,** archiviste patient et biographe scrupuleux des Dinannais et de leurs voisins, comme le compositeur et musicien **Kowalski,** le dernier élève de **Chopin** qui vivait au château du Chêne-Vert en Plouër-sur-Rance.

Deux dates ultimes. 1953 : l'année du jumelage avec *Dinant,* une jolie ville belge, nichée entre Meuse et citadelle, à l'ombre de sa collégiale. 36 ans déjà ! Et l'idylle dure toujours, comme elle se poursuit avec *Lugo* (Galice espagnole) et *Exmouth* (Grande-Bretagne). 1986. Le ministre de la culture visite Dinan pour le centenaire du classement des remparts. C'est la marque d'un intérêt renouvelé pour cette spécificité. ■

II. PROMENADE A TRAVERS NEUF SIÈCLES D'ARCHITECTURE

Les murs de Dinan, son rugueux corset de remparts, cachent les trésors d'imagination déployés pour y enfermer des maisons, de vrais châteaux de chêne, de torchis et de chaume, qui grandissent à chaque étage. Au total, quatre traits essentiels marquent l'architecture et l'histoire de l'art dinannais. Quatre sujets pour des promenades à travers la cité.

1. Douze tours, cinq portes dont une de perdue

Entreprendre un tour de remparts réserverait peu de surprises à un visiteur absent depuis la Renaissance. Le tracé des fortifications a peu varié depuis le XIIIe siècle. C'est au XIXe siècle que les murs ont subi les mutilations les plus importantes : bastions et barbacanes qui couvraient les angles du rempart et les portes ont disparu ; la **porte de Brest** a été détruite en 1881. Les autres **(Guichet, Jerzual, Saint-Louis** et **Saint-Malo)** construites, aux points cardinaux, comme dans les villes de l'ancienne Chine livrent toujours passage. Les tours d'artillerie **(Connétable, Beaumanoir, Gouverneur, Coëtquen)** demeurent menaçantes. A la fin du XVe siècle, on a préféré diminuer la hauteur du mur et l'épaissir. Les tours sont dotées d'une proue effilée pour dévier les boulets. Le rempart est précédé d'une contrescarpe pour empêcher l'artillerie de l'adversaire de saper la muraille. Le château reste le camp retranché, aux arbalétrières tournées par la Ligue contre Dinan, mais la porte du Guichet a été rouverte. Garengeau, ingénieur de Vauban, a restauré les murs à partir de 1693. Il crée des terrasses d'artillerie sur les chapelles de l'**église Saint-Sauveur.** Il lève aussi d'excellents plans des fortifications, encore utiles aux archéologues.

La visite de l'enceinte peut débuter sous le **château,** la pièce la plus imposante, voici, à votre gauche, le **donjon** construit par Etienne le Tur entre 1380 et 1385. Trente-quatre mètres du fond de la douve à la terrasse. Jusqu'au XVIIe siècle, il fut coiffé d'un toit. Il était aussi chemisé d'un mur qui le protégeait des agressions extérieures alors que l'entrée s'effectuait par la petite porte est. Une porte piétonne, précédée d'un pont-levis, desservait aussi la tour. Le dispositif reste visible sur la face sud. Le pont basculant de la porte ouest communiquait avec les réserves.

Cette **tour,** dite **de la Duchesse Anne,** est, depuis 1908, un musée contant l'histoire de la ville et de ses traditions, chronologiquement, de bas en haut, de la préhistoire à sa représentation picturale, par les artistes du XIXe siècle. Elle comporte quatre étages : une cuisine à demi-enterrée où aboutit la canalisation d'eau donnant son autonomie à la forteresse ; des salles de garde et de vastes pièces de réception composent le premier étage ; au second, le duc rendait, vraisemblablement, sa justice dans un local, et entendait la messe dans l'autre où il bénéficiait d'une loge chauffée ouvrant par une ogive sur l'autel. L'existence d'une porte, à son emplacement, résulte de la modification de l'accès à la tour au XVIIe siècle. Le troisième étage est distribué entre de grands appartements et un petit escalier menant au niveau supérieur. Les quatrième et cinquième étage ont été largement remaniés, lors de la disparition de la couverture. La salle de garde qui ouvrait, par ses cinq fenêtres, sur la galerie a été abaissée d'un demi-niveau et pourvue d'une voûte. Les combles ont été remplacés par une terrasse d'artillerie.

La tour de la Duchesse Anne forme avec sa voisine la **tour de Coëtquen** un ensemble distinct des autres fortifications de la ville. Cette volonté, due au ligueur Mercœur, se distingue encore en plusieurs points :

* le ravin intérieur séparant les deux tours de la ville ;

* la porte fortifiée, offrant un accès restreint côté ville, était, au XVIe siècle, précédée par un pont-levis ;

Page 9.

Scène de la Tapisserie de Bayeux. Le mystère entoure encore les circonstances de la naissance de la ville. Car les troupes de Guillaume le Conquérant assiègent le duc Conan de Bretagne dans un château appartenant à la famille des Dinan. Peut-être sur le site de l'actuelle sous-préfecture. Peut-être à Léhon.

Page 10.

L'image de Notre-Dame des Vertus fut donnée par saint Bonaventure à Henri d'Avaugour fondateur des Cordeliers. L'original a disparu. Mais l'église Saint-Sauveur conserve un beau bois polychrome flamand (XVe siècle) à son effigie.

Page 11 (haut).

Les lignes strictes du cloître de Léhon symbolisent parfaitement l'austérité des Bénédictins qui le firent reconstruire au XVIIe siècle.

Page 11 (bas).

Tréfumel, sanctuaire vieux d'un millénaire abrite des joyaux de l'art religieux de l'âge classique : statues, bannières, vases.

Page 12.

Le Jerzual médiéval est moins riant que la rue artisanale d'aujourd'hui. C'était alors la principale voie d'accès à la ville.

Page 13 (haut).

Il fallut démolir de nombreuses maisons pour bâtir l'église Saint-Malo à la fin du XVe siècle. Elles auraient masqué la superbe abside flamboyante que le magnolia en fleurs rehausse à chaque printemps !

Page 13 (bas).

Le plus beau portail roman de Bretagne pare l'église Saint-Sauveur. Un Dinannais fit édifier l'église à son retour de croisades. Les chapiteaux illustrent les tourments qui attendent ceux qui ont pêché.

Page 14.

Chœur des Bénédictines. La réfection de la voûte du réfectoire de l'actuel collège public a révélé un superbe plafond baroque en 1964.

Page 15.

Vitrail de l'église Saint-Malo. Après la croisade, en 1108, Geoffroy de Dinan se retire au prieuré Saint-Malo que son père avait fondé.

Pages 16-17.

L'agglomération naquit autour de deux prieurés, l'un au nord-est de la porte Saint-Malo, l'autre à la Madeleine sur les berges de la Rance. Mais elle devint ville en grimpant la colline qu'elle ceintura de remparts.

DINA NT

A VENDRE

APRES
AU PRIEURE
ET LAISSE
LA 1re CROISADE
SAINT MALO, FONDE
A SON FILS OLLIVIER
GEOFFROY DE DINAN
PAR SON PERE
LE FIEF DE DINAN
SE RETIRE
EN 1066
1108

RESTO

RUE
AUTE -VC

HOTEL DE LA GRÈVE
Jupiler

office
du tourisme
DE L'HORLOGE

Page 18.

Le portail du couvent des Cordeliers (XVe siècle) ouvre désormais sur le collège qu'il héberge.

Page 19.

Les dauphins de la frise veillent toujours sur le portail de l'Hôtel Beaumanoir (XVIe siècle). Cette résidence devint au XVIIe siècle le premier couvent des Catherinettes.

Page 20 (haut et bas).

Le port et le Vieux-Pont étaient les premiers aspects que le visiteur découvraient de Dinan en venant de Saint-Malo par la Rance qui était plus sûre que la route comme voie de communication pour relier le port corsaire à la ville des tisserands.

Page 21.

Les moines construisaient souvent leurs abbayes auprès d'une rivière qui permettait à l'abbaye et à ses cultures de ne pas manquer d'eau. Ceux de Léhon purent ajouter à cet avantage les bénéfices qu'ils tiraient du péage du pont qui donne accès au bourg.

Page 22 (haut).

Le manoir de la Conninais (Taden) est l'illustration du changement de vocation des châteaux qui abandonnèrent leurs fonctions défensives pour devenir de jolis décors de fêtes.

Page 22 (bas).

Saint Suliac. Eglise de style anglais pour port de genre marin. Quelques-uns des plus anciens habitants de la région vivaient, tout près, dans un abri sous roche, sur les berges de la rivière.

Page 23.

La tour de l'Horloge accueillit, trois siècles durant, les réunions de la communauté de ville. De belles maisons à porche bordaient la voie. Peu subsistent. L'Hôtel de Kératry (1559), apporté de Lanvollon (à l'ouest du département, où il tombait en ruines) a regarni l'entrée de la rue.

Page 24 (haut).

La porte de Brest (XIVe siècle) avait résisté à de multiples assauts. Elle tomba en 1881 sous la pioche des démolisseurs.

Page 24 (bas).

La Tour de la Duchesse Anne est le joyau de l'enceinte. Mais elle ne doit rien à la fameuse reine de France. Car c'est le duc Jean IV qui la fit construire pour épauler les murailles.

* les arquebusières autorisant un tir croisé sur les citadins.

La **porte du Guichet** (XIIIe-XIVe siècle) était alors fermée et permettait une communication à couvert entre les deux ouvrages d'artillerie. Ses tours percées d'archères datent du XIIIe siècle.

La **tour** d'artillerie **de Coëtquen** comporte trois étages reproduisant une même structure : une vaste salle voûtée sur laquelle ouvrent des casemates percées dans un mur de plus de cinq mètres d'épaisseur. D'abord réservées au tir, elles furent ensuite affectées au logement de prisonniers, aujourd'hui à des expositions et à l'hébergement d'une collection de gisants.

La **porte Saint-Louis** a été percée en 1620 pour pallier la fermeture de la porte du Guichet. Les blasons qu'elle arborait ont été martelées à la Révolution. Elle est surmontée d'une couronne de machicoulis réguliers et représente un sérieux obstacle à une entrée en force dans Dinan : pont-levis, herse et canaux de déversement de projectiles sur l'agresseur, jusque sous sa voûte-même !

A l'Est, la **tour** d'artillerie **de Penthièvre** est privée de son chemin de ronde et d'un étage (elle en comptait trois distribués en salles et casemates) depuis qu'un religieux, le père Renaud, la dégrada au XVIIIe siècle. Il avait créé un jardin sur sa terrasse et l'eau s'infiltrait.

Une brèche a ensuite été ouverte dans le rempart pour créer le Grand Chemin, l'actuelle rue du Général de Gaulle, à la fin du XVIIIe siècle. Il permettait un accès plus aisé que le Jerzual à la ville.

La **promenade de la Duchesse Anne** suit la ligne du chemin de ronde à la crête des murs jusqu'au **Jardin anglais** qui domine la vallée de la Rance.

Remarquez, au passage, la petite **tour du Cardinal.** Il s'agit en réalité d'une poterne du XIVe siècle, autorisant les sorties discrètes. Elle fut percée dans une tour comme la porte du Jerzual.

La **tour Sainte-Catherine,** renforce l'angle nord de ce beau jardin planté sur l'ancien **cimetière Saint-Sauveur.** Sa morphologie annonce le XIIIe siècle. Mais elle a été recouronnée au siècle dernier. De là, vous découvrirez la sous-préfecture, ex-château Flaud, bâtie sur le site présumé du premier château de Dinan. Vous situez ensuite, dans l'alignement de la **porte du Jerzual,** les deux **tours du Gouverneur et Beaumanoir** qui couvraient de leur feu les portes ouvertes au nord-est de l'enceinte.

Empruntez la rue Michel, puis la venelle. Vous arrivez à la **porte du Jerzual** (XIVᵉ siècle). Elle était la principale entrée de la ville, peu commode pour la circulation des charges, et très vulnérable. Elle était précédée jusqu'à la fin du XVIIIᵉ siècle d'une **porte avancée (Saint-Sébastien)** et de forts dont les ruines sont visibles au pied du rempart, au nord de la porte. Celle-ci était protégée par le feu de l'importante **tour du Gouverneur,** haute de plus de vingt mètres, dotée de murs de huit mètres d'épaisseur. Elle est constituée de deux grandes salles voûtées superposées. Six casemates ouvrent sur chacune d'elle, offrant l'espace nécessaire pour douze unités d'artillerie.

Elle couvrait aussi la **porte Saint-Malo** (XIIIᵉ-XVᵉ siècles). Il y eut, d'abord une porte, du même type que celle du Guichet, construite sur la même ligne que ses tourelles, percées d'archères. Elle a ensuite été doublée, sur le fossé, par une porte carrée avec un pont-levis. Mais le comblement partiel de la douve a mis l'entrée au niveau du pavé ! Cette porte était encore protégée par des chicanes et surtout par sa voisine la **tour Beaumanoir,** le plus formidable ouvrage d'artillerie de l'enceinte. Dotée d'une pointe effilée et d'une importante puissance de feu, elle n'a jamais été couverte. Ceci offrait un triple avantage : l'absence de bois limitait les risques d'incendie, le chef des canonniers pouvait transmettre directement ses ordres à tous les postes, la ventilation était facile.

Une galerie, qui, à l'origine, courait de la **porte Saint-Malo** à la **porte de Brest** (à l'Ouest) démarre à l'est de cette tour. C'est ce que l'on appelle une *« fausse-braie ».* Elle sapait, à la base, les ambitions de l'ennemi désireux d'escalader le rempart. Les deux tours du nord de l'enceinte **Saint-Charles** (ou tour de Lesquen) et **Saint-Julien,** ses contemporaines, ont, l'une et l'autre, été mutilées. La première n'a probablement pas été achevée, la seconde fut endommagée par l'explosion des réserves de munitions des Ligueurs qui fissura l'**église de Saint-Malo** toute proche. Il faut se rendre sur le parking Thiers pour suivre le développement de l'enceinte médiévale qui, en certains endroits, conscrvc scs corbelets. On y voit même les vestiges d'une échauguette.

Mais l'ornement majeur du mur ouest, la **porte de Brest,** a disparu en 1881. C'était la plus formidable, encadrée de deux énormes tours, comme la Grand-Porte de Saint-Malo, la cité corsaire (voir l'illustration page 24).

La porte abattue, le rempart poursuit sa course au-delà de la mairie. La **tour de Beaufort** (une tour ronde du XIIIᵉ siècle percée d'archères et de jours rectangulaires) protège aussi un discret accès à la ville sans doute percé sous la Ligue. Le **Trou-au-Chat** coupant le mur, doit vraisemblablement son nom à une chatière ou à une poterne.

Il fait face au buste de **Charles Duclos** qui transforma la contrescarpe joignant la **porte Saint-Malo** au **château** en promenade au XVIIIᵉ siècle.

La **tour du Connétable** a été signée par la famille de Coëtquen, elle y a inscrit ses armes aux clés de voûte. Raoul V rendit l'enceinte prête à recevoir les assauts de l'artillerie (XVᵉ siècle). Celle-ci préservait, des assauts, le mur la séparant de la **porte de Brest** et la courtine la reliant au château. La pierre porte encore les stigmates de la vente des remparts à des particuliers au XVIIᵉ siècle. Un poterne ouvre sur une salle percée dans le rempart. Une échauguette construite à hauteur du mur extérieur qui chemisait la **tour de la Duchesse Anne** est encadrée de deux meurtrières horizontales. Elles ont été ouvertes par les Allemands. Ultime trace de la vocation militaire de la ville !

2. Eglises et couvents

Rue Sainte-Claire, rue Saint-Sauveur, rue Saint-Charles... La litanie des rues tinte encore des notes de l'appel à l'office.

Elle confirme bien l'importance du passé et du présent religieux de la cité.

Les deux églises en sont les signes les plus visibles... Voici **Saint-Sauveur,** un rare échantillon de l'art roman en Bretagne. Cette église fut construite au XIIe siècle, à la suite d'un vœu réalisé par Rivallon le Roux, frère de Geoffroy, seigneur de Dinan, aux Croisades. L'édifice primitif possédait des dimensions inférieures à celles du bâtiment actuel. Sans doute, s'achevait-il par une abside simple, arrondie en cul-de-four au niveau de la croisée actuelle du transept. Le manque de fonds empêcha les bâtisseurs de la fin du XVe siècle de vous priver des vestiges romans !

Saint-Sauveur s'ouvre, à l'Ouest, par un magnifique portail divisé en trois arcs, deux voûtes aveugles symétriques encadrent le porche central. Les quatre statues mutilées, vraisemblablement par des Huguenots au temps des guerres de Religion, ont été assimilées à celle des Evangélistes. Pourtant, le seul élément d'identification, un agneau, désigne Saint-Jean-Baptiste sur le dais coiffant la plus méridionale d'entre elles. Un lion et un bœuf ailés rappellent toutefois le souvenir de Saint Marc et de Saint Matthieu au-dessus des arches. Le restaurateur du XIXe siècle a ajouté un inutile Christ en gloire au tympan du portail !

Mais les chapiteaux, dénonçant les péchés, illustrent la manière d'enseigner l'histoire religieuse et la Bible à une population illettrée. La femme dévorée par la luxure : (troisième pilier à droite) du portail doit subir les atteintes du crapaud et du serpent. Ailleurs, un Harpagon supporte le poids de son avarice, une grosse bourse accrochée à son cou. La sobre longère, au sud, est de même époque.

L'intérieur réserve quelques jolies surprises. Les fonts baptismaux portés par des cariatides mutilées (guerres de religion ?) sont contemporains de la fondation. Au revers du portail, vous verrez des chameaux broûtant un palmier sur un chapiteau. Chapelle après chapelle, voici quelques richesses d'un sanctuaire caractérisé par l'opulence de son mobilier baroque (XVIIe-XVIIIe siècles).

* Le vitrail des Evangélistes et des saints bretons de la chapelle Saint-Mathurin est contemporain de la reconstruction de l'église (XVe-XVIe siècles).

* Le cénotaphe du cœur de **Bertrand Duguesclin** enchâsse la pierre tombale sous laquelle reposait le précieux organe du Connétable dans la chapelle du couvent des Jacobins (voir plus loin) où il était inhumé avant la Révolution. Le corps du soldat de Charles V (1314-1380) époux de la dinannaise **Tiphaine de Raguenel** fut véritablement dépecé après son décès : ses viscères furent enterrées au Puy, son squelette à la basilique Saint-Denis auprès des rois.

* Dans les chapelles de l'abside, le visiteur verra deux jolis pastiches de chapiteaux romans, une superbe vierge anglaise (XVe siècle, Nottingham), une série de crédences et piscines d'autels. Le dessin de l'une d'elles rappelle l'image des Indiens quelques décennies après leur première rencontre avec **Christophe Colomb.**

* Dans la chapelle Saint-François, un très beau bois polychrome flamand (XVe siècle), Notre-Dame des Vertus, rappelle que cette vierge recevait la dévotion de la communauté franciscaine fondée par Henri d'Avaugour au XIIIe siècle. Saint Bonaventure, compagnon de François d'Assise, lui en avait remis l'image primitive, aujourd'hui disparue.

* Le superbe maître-autel est dû à l'ingénieur militaire Garengeau. Il comporte trois parties : un autel, un retable et un baldaquin supporté par six colonnes. Plusieurs pièces, croix, angelots, guirlandes, proviennent d'un réemploi.

Il a fallu quatre siècles pour bâtir l'**église Saint-Malo,** achevée il y a à peine plus de cent ans ! Pourtant le résultat est homogène. Les deux plus beaux aspects de cette église s'offrent :

— du bas de la nef ouvrant sur un vaisseau haut de 18 mètres au chœur très dépouillé ;

— de la cour du couvent des Cordeliers : le visiteur bénéficie du recul suffisant pour découvrir l'abside flamboyante, miracle de légèreté avec la multiplicité de ses chapelles et des ouvrages d'art qui en soutiennent les voûtes.

Un double portail Renaissance (XVIIe siècle), Grand-Rue, donne accès à l'église. Une belle collection de vitraux historiés permet de suivre différents épisodes de l'histoire religieuse de la cité dans ce sanctuaire doté de deux orgues. L'un, un instrument anglais aux tuyaux peints, centenaire, est placé sur la tribune sud ; l'autre, inséré dans une chapelle absidiale, provient de la propriété du compositeur et pianiste Kowalski.

Il ne faut pas confondre le diable offrant son eau bénite au bas de la nef avec une image médiévale ; il est dû au ciseau d'un sculpteur-ébéniste (Boucher), renommé à Dinan au XIXe siècle.

Les autres traces d'implantations religieuses sont plus modestes.

Le collège des **Cordeliers,** ex-monastère franciscain, ouvre sur la place du même nom par un portail du XVe siècle, aux niches dépossédées de leurs statues. Ce couvent, fondé vers 1250 par l'avant-dernier seigneur de Dinan, **Henri d'Avaugour,** de retour de la croisade, comporte encore les beaux restes d'un cloître (XVe siècle). La salle capitulaire, de même époque, accueillit, comme celle du couvent des Jacobins, de nombreuses fois la réunion des Etats de Bretagne. L'élégance de la tour du Capitole (cour d'honneur) rappelle la fonction hôtelière de cette maison de frères mendiants et prêcheurs. **Charles IX, Catherine de Médicis** sa mère, les cardinaux de Lorraine et de Bourbon y logèrent le 23 juin 1570.

Les ordres hospitaliers, en particulier les **Templiers,** qui résidaient au sud de la place des Cordeliers, ont laissé moins de traces. Descendez la **rue de la Lainerie,** les dernières maisons à droite, portent la marque des **Trinitaires,** des religieux spécialisés dans le rachat des prisonniers des pirates et des Musulmans. Cette communauté a poursuivi sa mission jusqu'au XVIIIe siècle. La massive demeure, à l'angle de la **rue de la Poissonnerie,** était leur chapelle. La porte d'accès s'ouvrait sous la petite arche. Et chacun se signait en prenant de l'eau dans le bénitier incorporé au mur.

Les **Catherinettes,** des Dominicaines rebaptisées du prénom de leur fondatrice Catherine de Sienne, ont laissé des souvenirs plus substantiels. Elles ont d'abord occupé le bel **Hôtel de Beaumanoir,** rue Haute-Voie. Hélène de Beaumanoir, deux fois mal mariée et veuve à treize ans, le leur avait donné. Ensuite, elles firent bâtir un couvent par l'architecte Poussin sur le **Jardin anglais.** Ce bel ensemble a conservé l'essentiel de ses bâtiments, cloître et chapelle. Il possède un remarquable mobilier et surtout de belles fresques baroques dans le chœur des religieuses. L'église elle-même contient une vierge allaitant du XVe siècle et un amusant trompe-l'œil !

Après la Révolution, d'autres religieuses, les sœurs de Saint Thomas de Villeneuve succédèrent aux Catherinettes dans les locaux transformés en hôpital (1817).

L'église des **Bénédictines,** rue de Léhon, ressemble à la chapelle des Catherinettes par sa façade, à l'église Saint-Sauveur par son clocher. Leur couvent, édifié lui aussi à l'âge classique, devint un collège dès le XVIIIe siècle. **Chateaubriand** et le médecin **Broussais** y étudient. La fresque baroque du plafond du chœur des religieuses, peinte en trompe-l'œil, reste le joyau de cet établissement. Des moniales accoudées à une balustrade, des pères de l'Eglise enchâssés dans leur cadre, écoutent un orateur mystérieux et invisible... Un enduit les masquait jusqu'à des travaux de réfection menés durant les années soixante.

Les **Jacobins,** les Dominicains, dont la communauté fondée au treizième siècle abritait les sépultures de la plus haute noblesse de la région, n'ont pas laissé de tels souvenirs... Un fragment du portail d'entrée reste visible à l'angle de la **rue Pavie** et de la **rue de Léhon.** Un vestige de chapelle sert de vestibule au **théâtre des Jacobins.** Les restes d'un retable y ont été replacés.

Les **Clarisses,** disciples de saint François et de sainte Claire occupaient l'espace délimité par la rue du même nom, la **place du Champ,** et la **rue de Léhon.** Une bonne partie de leur couvent demeure. Les confesseurs occupaient la maison située à l'angle des rues Sainte-Claire et de Léhon.

Les logements des sœurs sont toujours visibles à l'angle de la place et de la rue Sainte-Claire ; les restes d'une ancienne chapelle et quelques-uns des corbelets, sur lesquels le cloître reposait, peuvent être admirés dans l'**impasse des Clarisses.**

Seule sa chapelle, longtemps utilisée comme entrepôt, rappelle l'existence d'un couvent d'**Ursulines** à l'angle des **rues de la Boulangerie et Saint-Charles.** On y verra un retable peint en trompe-l'œil (XVIIe siècle).

3. Le secret des maisons à pans de bois

Ses maisons à pans de bois donnent aussi son cachet particulier à la ville. Les spécialistes en identifient cinq types.

* La maison de type primitif, encadrée d'épais murs de granit latéraux comme celle du 6 rue Haute Voie.

* La demeure gothique caractérisée, elle aussi par ses encorbellements, ses baies alignées en continu et dépourvues d'impostes, c'est-à-dire de partie supérieure distincte, possède des murs latéraux moins épais. De très beaux types existent : 11 rue du Petit Fort, 17 rue du Quai. La demeure du 6 rue de la Poissonnerie est l'une des rares qui soit datée : 1497. La **maison** dite de **la Mère Pourcel,** (place des Merciers) est la plus somptueuse réalisation de l'époque. L'angelot sculpté à l'angle, un **saint Dinan** de fantaisie, permet de la dater, d'après son costume du règne de Charles VII (1422-1461) ou de Louis XI (1461-1483). Elle possède un escalier de bois à vis, un vrai chef-d'œuvre d'ébénisterie.

* La Renaissance construit encore des maisons à encorbellement mais les poutres sont désormais moulurées et les fenêtres possèdent des impostes. L'une des plus belles est la **maison,** dite **du Gouverneur,** située 24 rue du Petit Fort.

Les premiers porches datent de cette époque. L'un des plus imposants occupe l'angle de la rue de l'Horloge et de l'Apport. Jadis, deux philosophes dialoguaient sur le pilier qui laisse deviner leur silhouette : Héraclite riait, Démocrite pleurait. Les deux craignaient la charrette de foin trop haute qui emporterait la maison.

La Renaissance développe aussi les maisons à façade plate comme le 1 place des Merciers. Les plus raffinées furent construites au 49-51 rue du Petit Fort.

* Le type rationnel lui succède. Les façades sont désormais constituées de panneaux de remplissage, comme au 4 rue de la Cordonnerie.

* Le constructeur d'une maison de type tardif recherche la simplicité. Il remplit les panneaux de brique ou de colombages (33 et 17 rue du Jerzual). Deux maisons à porches témoignent de cette ultime période :

— le 27 rue de l'Horloge, une maison à vitrines dotée d'une triple orientation ;

— l'**hôtel de Pontbriand** (6 rue de la Lainerie). Son appui l'ancre dans le Moyen Age et sa façade percée de hautes fenêtres dans son siècle, le XVIIIe. C'est une façade de granit, la pierre que les nobles affectionnent. Nombre de leurs beaux hôtels ont ainsi été bâti au XVIe siècle, **Beaumanoir,** rue Haute-Voie, et **Plouër,** Grande-Rue, au XVIIe siècle, **Saint-Mirel,** angle de la rue et de la place Saint-Sauveur, au XVIIIe siècle, **Hôtels de Montmuran et de France,** rue de Léhon.

4. Les architectures contemporaines

L'**église Saint-Malo** relève-t-elle de l'architecture ancienne ou du pastiche ? Sa construction, étalée sur quatre siècles, montre l'imbrication des époques de création dans le patrimoine de la ville. Le XIXe siècle a laissé quelques souvenirs amusants : le **pont métallique de la Fontaine des Eaux,** construit dès 1879 à la mode Eiffel, le **château Flaud,** un curieux bibelot d'étagère de pierre blanche, au pied de la Tour Sainte- Catherine, rue Michel, l'élégante chapelle néo-gothique de l'**hôpital psychiatrique Saint-Jean-de-Dieu.**

Le vingtième siècle a été plus productif. Les architectes de l'école du *« néo-breton »* ont alors pourvu la ville d'imposants édifices publics. L'architecte Lefort y a bâti la **gare** actuelle (1932) en mariant granit, béton, et motifs du costume bigouden. Il a aussi construit l'ancienne **caisse d'Epargne,** devenue, depuis, bureau d'aide sociale, rue du 8 mai 1945, le **pavillon des tuberculeux** (visible de l'impasse Victor Basch) et la **section technique du collège,** rue du Général de Gaulle. Cet art se caractérise par l'emploi de formes médiévales, tourelles, meneaux, meurtrières, associées à une décoration de fer forgé. Les créateurs ont défini de nouvelles lignes souvent massives traduisant un fort parti-pris régionaliste, marié à une inspiration internationale, surtout nordique et centre-européenne. Le **bar-cinéma le Celtic,** l'ancienne **poste,** rehaussée de peintures de l'architecte Raig Hasse, relèvent de cette création comme la **villa Ker-Maria** (impasse Saint Louis) le **Collège public de jeunes filles,** rue Broussais et le **Collège Notre-Dame-de-la-Victoire** dans le quartier des Caradeucs.

Les maisons anciennes, qui menaçaient ruine, ont été réhabilitées. En 1986, Dinan a fêté le centenaire de ses remparts. Chaque année, des festivals célèbrent ses harmonies secrètes avec le pays avoisinant où la ville a puisé la substance nécessaire à son développement. ■

III. PROMENADES AU PAYS DE DINAN

Quelques millénaires ont conféré son unité au pays de Dinan, autour de ses monuments mégalithiques, de ses délicieux sanctuaires campagnards, de ses abbayes et manoirs. Beaucoup d'entre eux méritent le détour. Consacrez-leur donc quelques excursions thématiques.

1. A la recherche des origines

Les premiers habitants de la région ont laissé des traces au **Mont-Dol** et à **Saint-Suliac** où ils habitaient des abris sous roche, vers 70.000 av. J.-C. Ils se nourrissaient de moelle d'auroch qu'ils devaient disputer aux lions de l'époque. La construction, beaucoup plus récente, des mégalithes, révèle un homme moins démuni pour faire face à l'adversité. Il construit des allées couvertes au Bois du Rocher à **Saint-Hélen,** à la Ville-Gesnouan à **Créhen,** à la Hautière en **Trégon.** Les fées ont bâti la plus belle à **Tressé,** dont les roches sont parfois sculptées de symboles féminins.

Elles ont aussi semé cinq douzaines de menhirs à **Pleslin.** En revanche, on doit à **Gargantua** le menhir du Mont-Garrot à **Saint-Suliac,** où il laissa une dent. Les auteurs des deux menhirs les plus raffinés de la région, ceux de la Thiemblais à **Saint-Samson** et du **Champ-Dolent** (sur la route d'Epiniac à Dol) n'ont pas laissé de signature mais ont suscité maintes légendes !

Les peuples de l'âge du bronze, qui employaient les haches comme monnaie, ont enterré un peu partout des capitaux que l'agriculteur d'autrefois retrouvait parfois sous le soc de sa charrue. Ils ont, sans doute les premiers, fortifié des sites que réutilisent les contemporains des Romains. Ils construisent ainsi sur l'éperon du Châtellier à **Saint-Samson,** à **Languenan,** à **Quévert.** Mais les traces de leurs implantations se perçoivent mieux, vues d'avion. Les constructions romaines ont connu une destruction analogue. Il faut une grande sécheresse d'été pour les repérer, car l'herbe ne pousse pas de la même manière, lorsque des fondations ou une trace d'habitat subsistent en sous-sol.

Cette méthode a permis de reconstituer le plan de **Corseul,** une cité développée sur 110 hectares. Elle avait tant d'importance qu'elle servait de base pour l'organisation routière comme le signale la borne milliaire de **Saint-Méloir-des-Bois** (les Romains comptaient en milliers de pas) Un petit musée lui est consacré à la mairie de Corseul. Le souvenir le plus émouvant est la stèle érigée par un soldat numide à la mémoire de sa mère, venue d'Afrique du Nord le rejoindre en Bretagne. Elle est aujourd'hui encastrée dans un pan de l'église paroissiale. Les murs du village ont absorbé l'ancienne cité !

2. Châteaux et manoirs

L'existence des châteaux de bois primitif, de l'an Mil, n'est guère plus facile à déceler : ici et là, une protubérance du terrain signale la trace de ce que l'on appelle une motte féodale. Celle-ci a été couronnée d'une palissade chemisant un donjon et cernée d'un fossé. Ces mottes revêtaient de faibles dimensions comme celle de **la Prévôté,** près de **Taden,** ou du **Bois de la Motte (Trigavou).** Des châteaux de pierre les ont parfois remplacé sur le site. Celui de **Montafilant (Corseul)** a sans doute été occupé, sans discontinuité, depuis l'époque romaine. Le **Guildo** fut érigé sur un roc défendu par son élévation et par la mer. Les flancs de la Montagne Saint-Joseph de **Léhon** sont abrupts. Pourtant **Henri II Plantagenest** prit ce château en 1169. De rares pans de murs mais quelques belles tours rondes dominent encore le village.

L'aristocrate moins fortuné s'établissait alors dans un manoir fortifié comme la **Grandcour,** dominé par une tourelle de guet, à **Taden,** ou la **Ferronays** à **Calorguen,** dont une échauguette et une tour contrôlent l'entrée. Un beau manoir d'agrément, le **Hac** au **Quiou,** prélude, dès le XVe siècle, à la construction des jolis décors de fêtes de la Renaissance. On le remarque à ses tourelles effilées, taillées dans la rare pierre blanche des faluns fossilifères du pays.

Signalons encore la **Bellière** (la **Vicomté-sur-Rance**) qui fut le manoir des Raguenel, la famille de Tiphaine, l'épouse de **Bertrand du Guesclin.** C'est une construction (XIVe-XVIIe siècles), romantique en diable, avec ses toitures pentues et ses cheminées tarabiscotées se reflétant dans son étang. La **Conninais (Taden)** est une jolie demeure des XVe et XVIe siècles. Un abbé de la Conninais, dont le carrosse est conservé au château de la **Bourbansais** (XVIe-XVIIIe siècles à **Pleugueneuc**), fut le confesseur de Marie-Antoinette. Le manoir est désormais la propriété d'une grande banque. Il conserve de jolies tours, d'Amour et du Péché, vouées au marivaudage, et une chapelle du XVe siècle pour abriter les repentirs !

Le sort du manoir de la **Garaye** (XVIe siècle) de **Taden,** que l'on peut atteindre de la route de Ploubalay, semble moins enviable. Déserté avant la Révolution par ses propriétaires, il est devenu le prototype de la ruine affectionnée par les artistes de l'époque romantique.

La contrée abrite foule d'autres châteaux intéressants. Citons **Beaumanoir** à **Evran,** une rare construction Louis XIII, **Caradeuc,** construit entre Plouasne et Saint-Pern, par La Chalotais (un procureur) qui mena la bataille des Parlements contre la royauté de Louis XV. C'est un château solennel, parfois baptisé le Versailles breton. Trois demeures, moins austères, sont habitées par l'esprit romantique :

— la **Chênaie,** à **Plesder,** ou Félicité de Lamennais (1772-1854) accueillait ses disciples ;

— le **Chêne-Vert,** à **Plouër,** est un pastiche de forteresse médiévale à échelle réduite ;

— le **Chesne-Ferron,** à **Saint-Carné,** ressemble à un manoir néo-Tudor que n'eussent point dédaigné **Walter Scott,** le père d'**Ivanohe,** ou les sœurs **Brontë.**

3. Calvaires, chapelles et monastères

Nonnes et nonnettes, moines et novices ont imprimé au sol la marque de leur histoire, élevé leurs monuments, bâti leurs chapelles et leurs monastères, avant même l'an Mil. Ils arrivent très tôt à **Léhon** (850) mais les vestiges les plus anciens de cette abbaye, bâtie à l'incitation de Nominoë, roi breton du IXe siècle, datent du XIIe siècle. L'abbatiale gothique à portail roman abrite plusieurs sépultures nobles. L'essentiel des bâtiments claustraux borde encore le cloître du XVIIe siècle, fermé au Nord par un très beau réfectoire (XIIIe siècle) ; les habitants de l'aile est abritaient le logement des moines et la salle capitulaire. L'église paroissiale, aussi ancienne que l'abbatiale, lui était accolée, au Sud. Elle fut démolie au XIXe siècle mais son portail ouvre encore sur le jardin du presbytère. A une demi-lieue à l'ouest du bourg, le **calvaire du Saint-Esprit** (XIVe siècle) raconte l'histoire sainte en images. Le dogme de la Trinité s'y trouve visualisé. Le père soutient son fils mourant. Une colombe y figure le Saint Esprit.

Le **calvaire templier de Saint-Maudez** reflète les conceptions religieuses propres aux moines rouges dont les trois grades sont représentés sur le fût de la colonne. Ils possédaient une commanderie, toute proche, à **Lannouée** en **Yvignac.** Une modeste chapelle y rappelle leur souvenir. Mais, sans doute, contruisirent-ils l'église de la localité dotée d'un bas-côté roman très sophistiqué pour une modeste église de campagne ! Celle de **Tréfumel** représente à merveille les sanctuaires ruraux, mais elle a été ornée d'un riche mobilier de statues et de vases précieux (XVIe-XVIIIe siècles).

Ne vous pliez pas au système des guides qui attribuent des étoiles aux monuments que la foi, la tradition et des religieux entreprenants semèrent dans la région. Suivez plutôt vos coups de cœur et cueillez la surprise au bout du sentier : la vieille **église de Saint-Judoce,** en congé de service divin, les ruines de **l'ancienne église romane de Saint-André-des-Eaux, la fontaine de Saint-Maudan (à Plumaudan)** où l'on plongeait la statue du saint aux périodes de grande sécheresse !

Arrêtez-vous et contemplez encore cette chapelle aperçue dans un écrin de verdure alors que le soleil allume, déjà, un ciel plombé d'orage... la verrière de la **cathédrale de Dol** (XIIIe siècle), la perfection muette du portail classique de l'**abbatiale du Tronchet** que bordent encore les vestiges de son cloître (XVIIe siècle). La liste s'allonge avec les incursions dans les chemins creux, qui laissent découvrir les formidables ruines du **château de la Hunaudaye** (XIIIe-XIVe siècles), l'**abbaye cistercienne de Boquen** (XIIe-XVe siècles) enchâssée dans les vallons verts et silencieux de Plénée-Jugon, les maisons Renaissance de **Jugon** en contrebas du lac.

Peut-être votre quête patiente vous révèlera-t-elle l'énigme des croix de Lorraine de **Calorguen.** L'ombre de la plus grande désigne, à midi, la position d'un trésor enfoui. Ne piochez pas, mieux vaut le caresser en rêve. C'est la meilleure chance de ne pas en être dépossédé ! ■

Pour en savoir plus

Les ouvrages suivants vous permettront de prolonger votre promenade :

Jean-Yves Ruaux : **Dinan et son pays,** Editions des Templiers, 1989.

M.-E. Monier : **Dinan, mille ans d'histoire, Quinze promenades autour de Dinan,** Editions Floch.

Jean-Jacques Soulas : **Dinan, Guide de la découverte des maisons à pans de bois,** Editions Janer, 1986.

Le Pays de Dinan. Chaque année l'association des amis du musée et de la bibliothèque édite un volume d'articles d'histoire, d'ethnographie, d'archéologie, de littérature concernant la région. Lire en particulier le riche numéro spécial de cette série : **Dinan au Moyen Age** (1986).